I0489458

حياتي مشرقة

١-

٢-

٣-

٤-

٥-

* استخدم الوان مختلفة

حياتي مشرقة

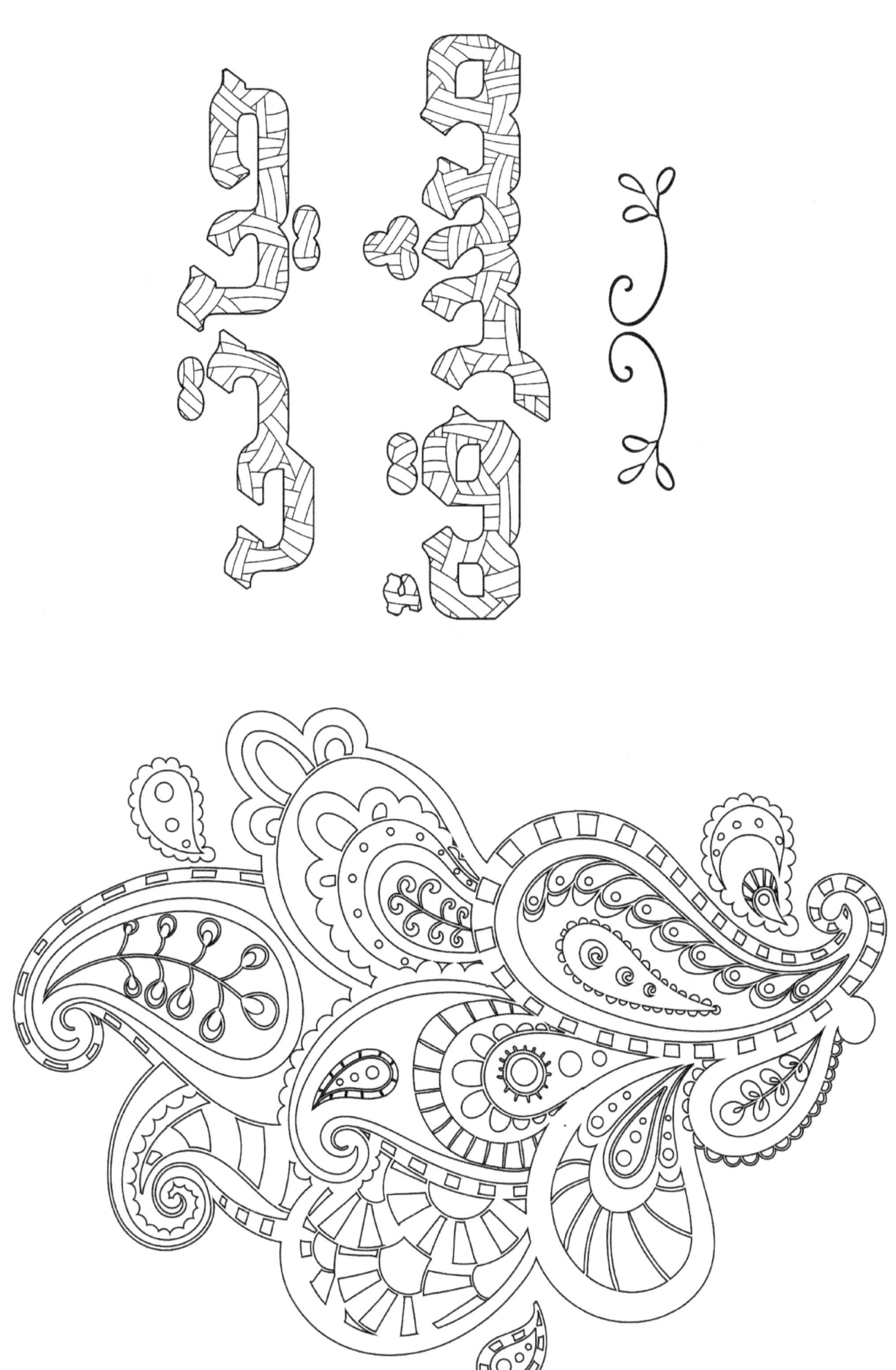

أنا واثق بنفسي

١-

٢-

٣-

٤-

٥-

* استخدم ألوان مختلفة

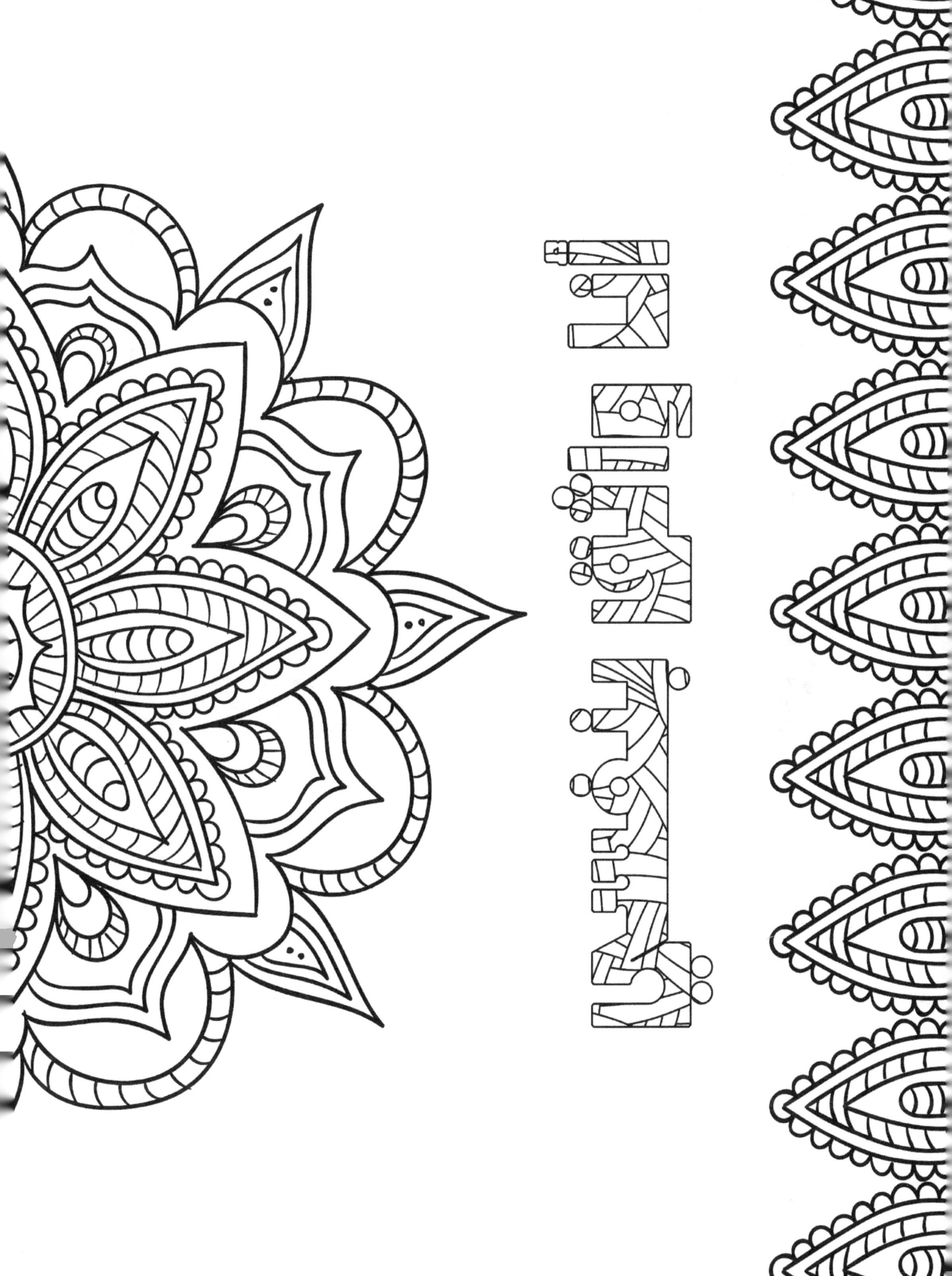

يمكنني التحكم في حياتي

١-

٢-

٣-

٤-

٥-

* استخدم ألوان مختلفة

يمكنني التحكم في حياتي

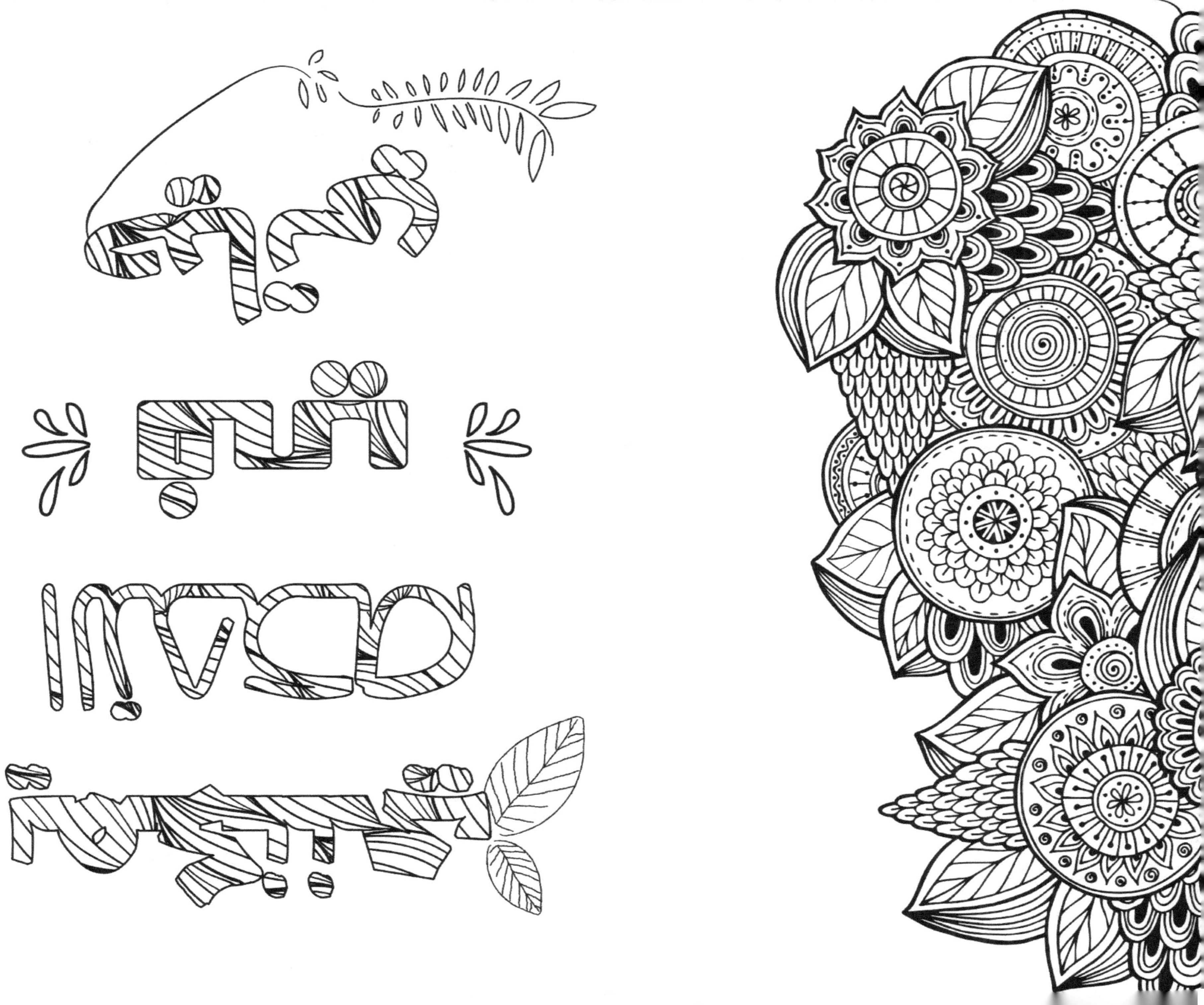

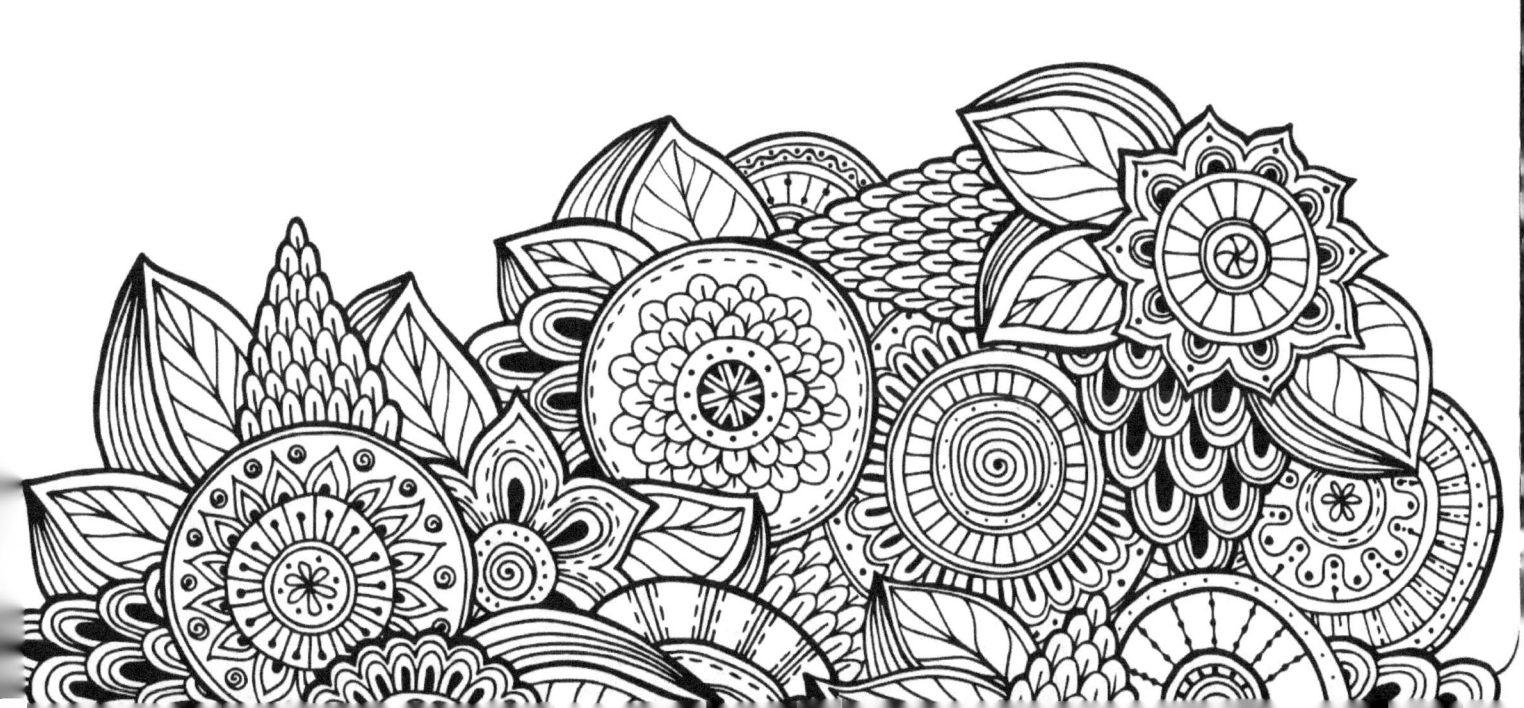

أحب التحدث بايجابية

١-

٢-

٣-

٤-

٥-

* استخدم الوان مختلفة

أحب التحدث
بإيجابية

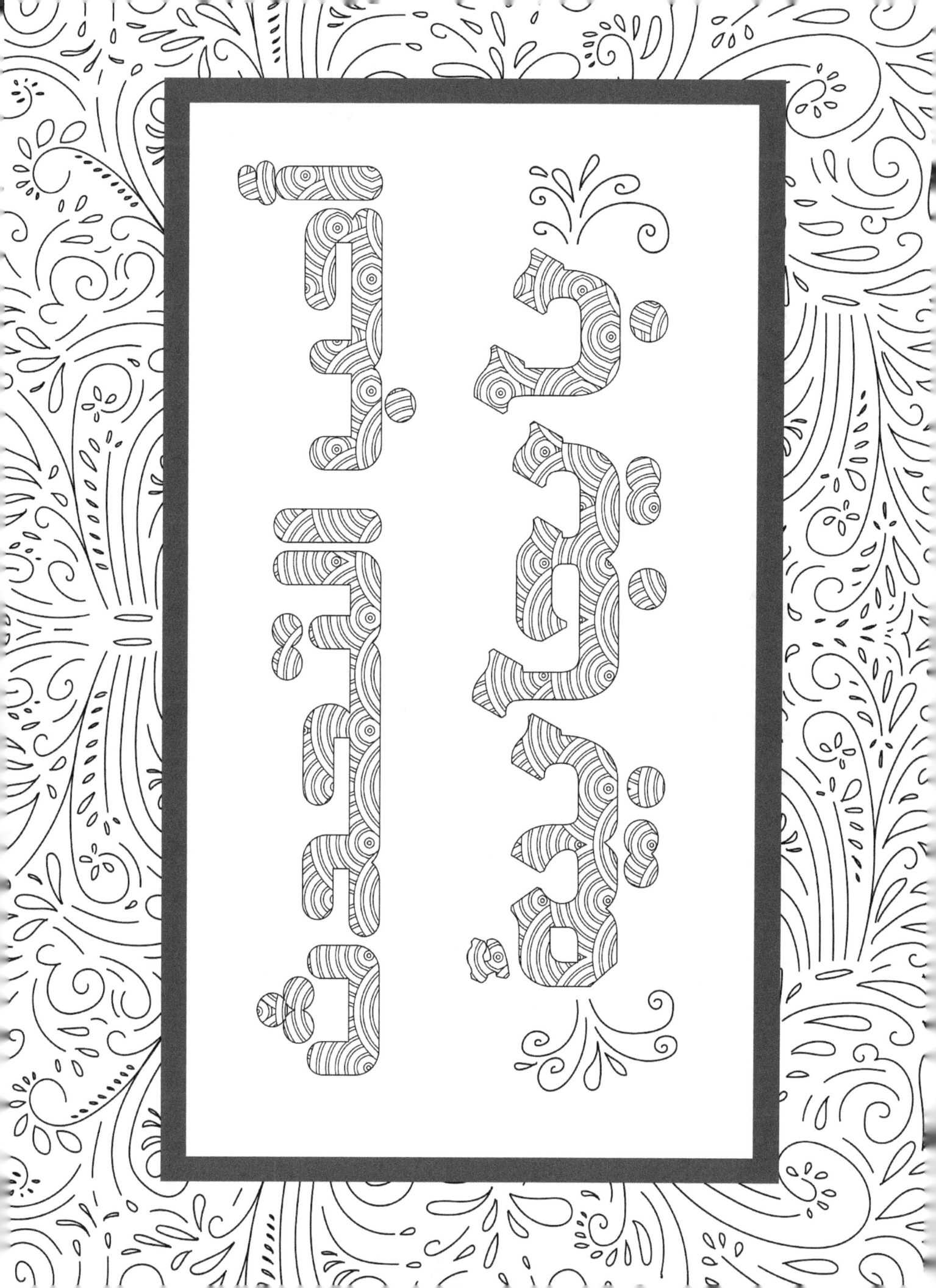

حياتي حافلة بالنجاح

١-

٢-

٣-

٤-

٥-

* استخدم ألوان مختلفة

حياتي حافلة
بالنجاح

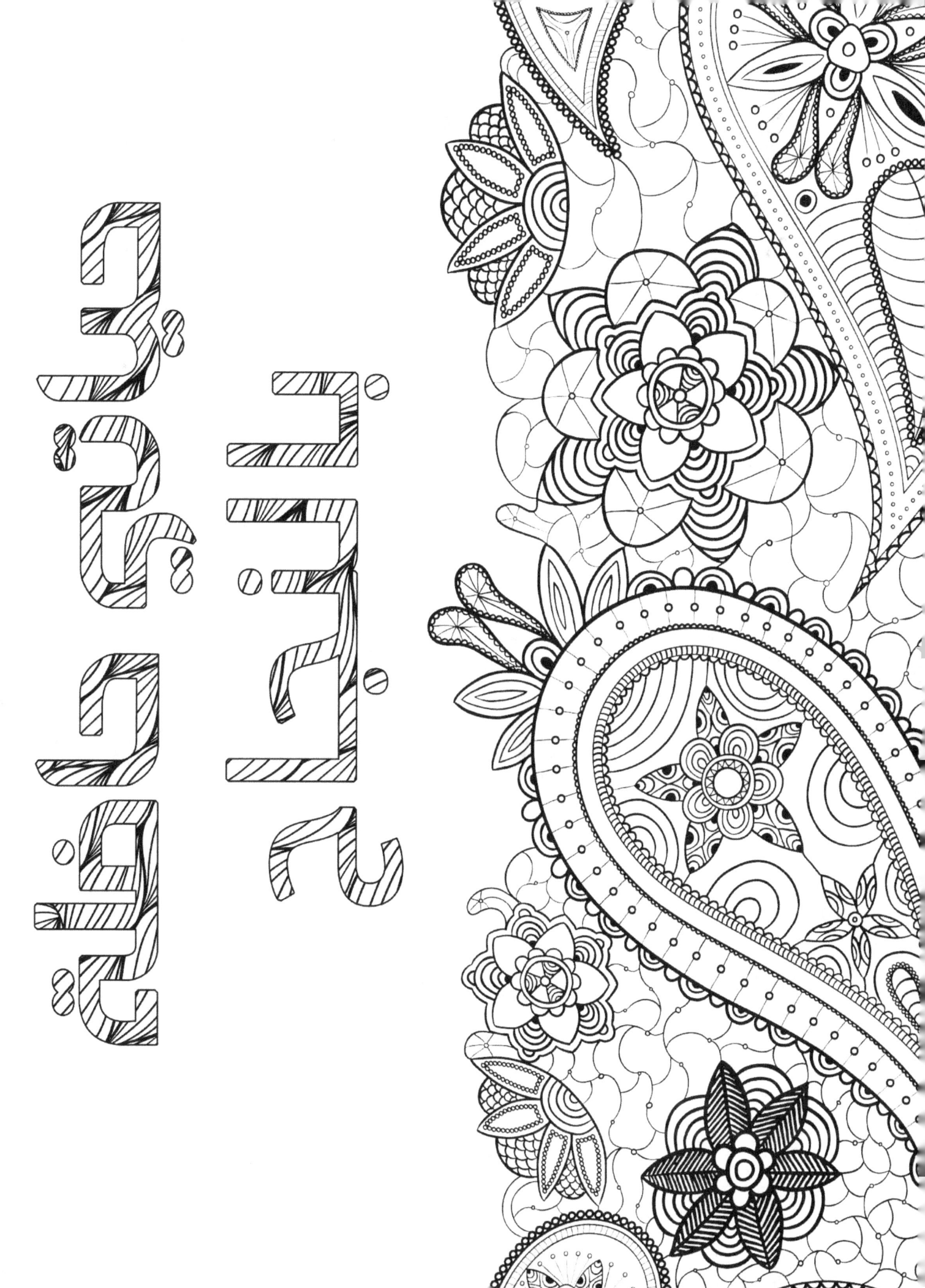

سأواصل التكلم بثقة

١-

٢-

٣-

٤-

٥-

استخدم ألوان مختلفة

سأواصل
التكلم بثقة

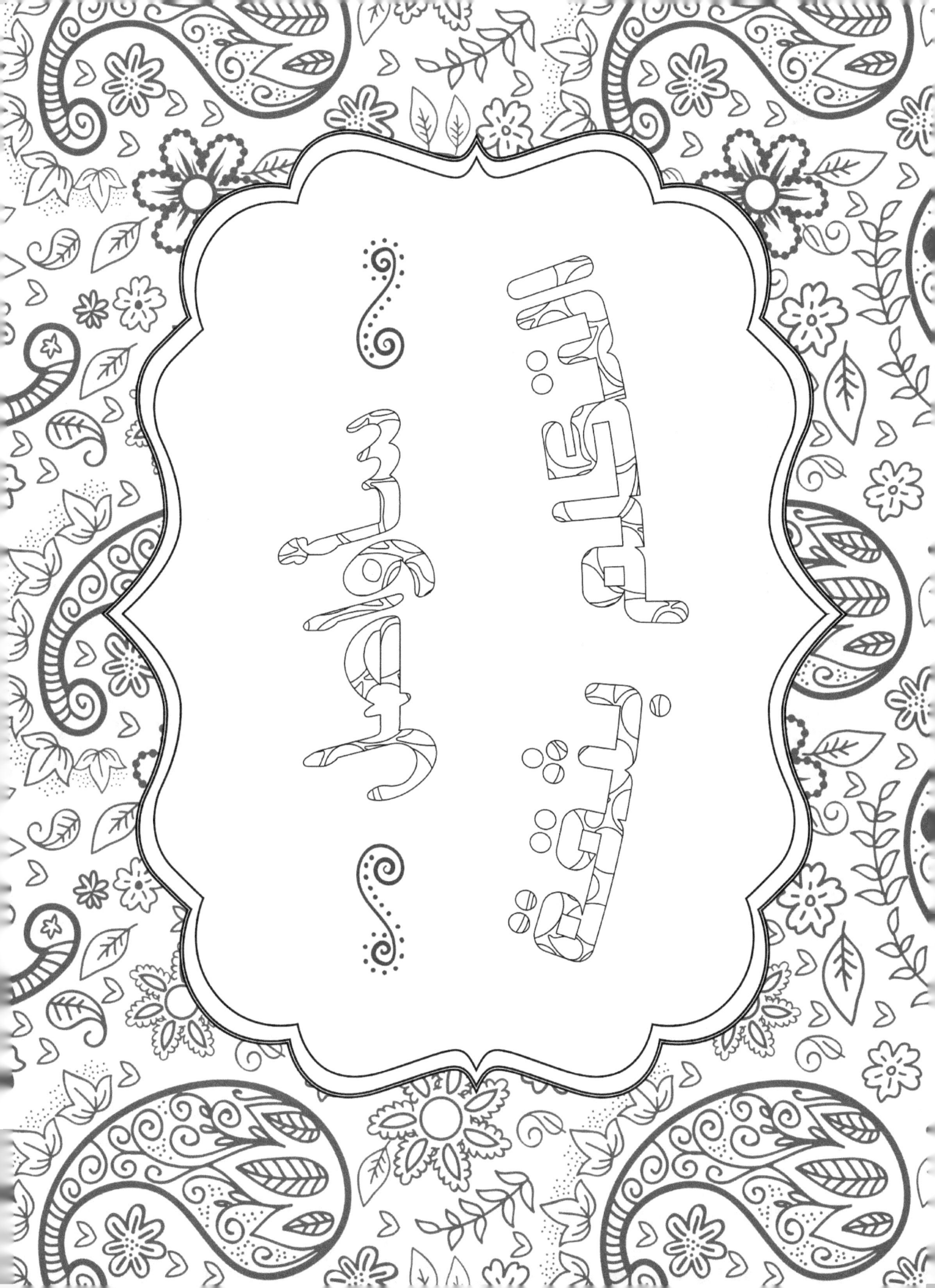

أعرف ما يمكنني فعله

١-

٢-

٣-

٤-

٥-

* *استخدم ألوان مختلفة*

أعرف

ما يمكنني فعله

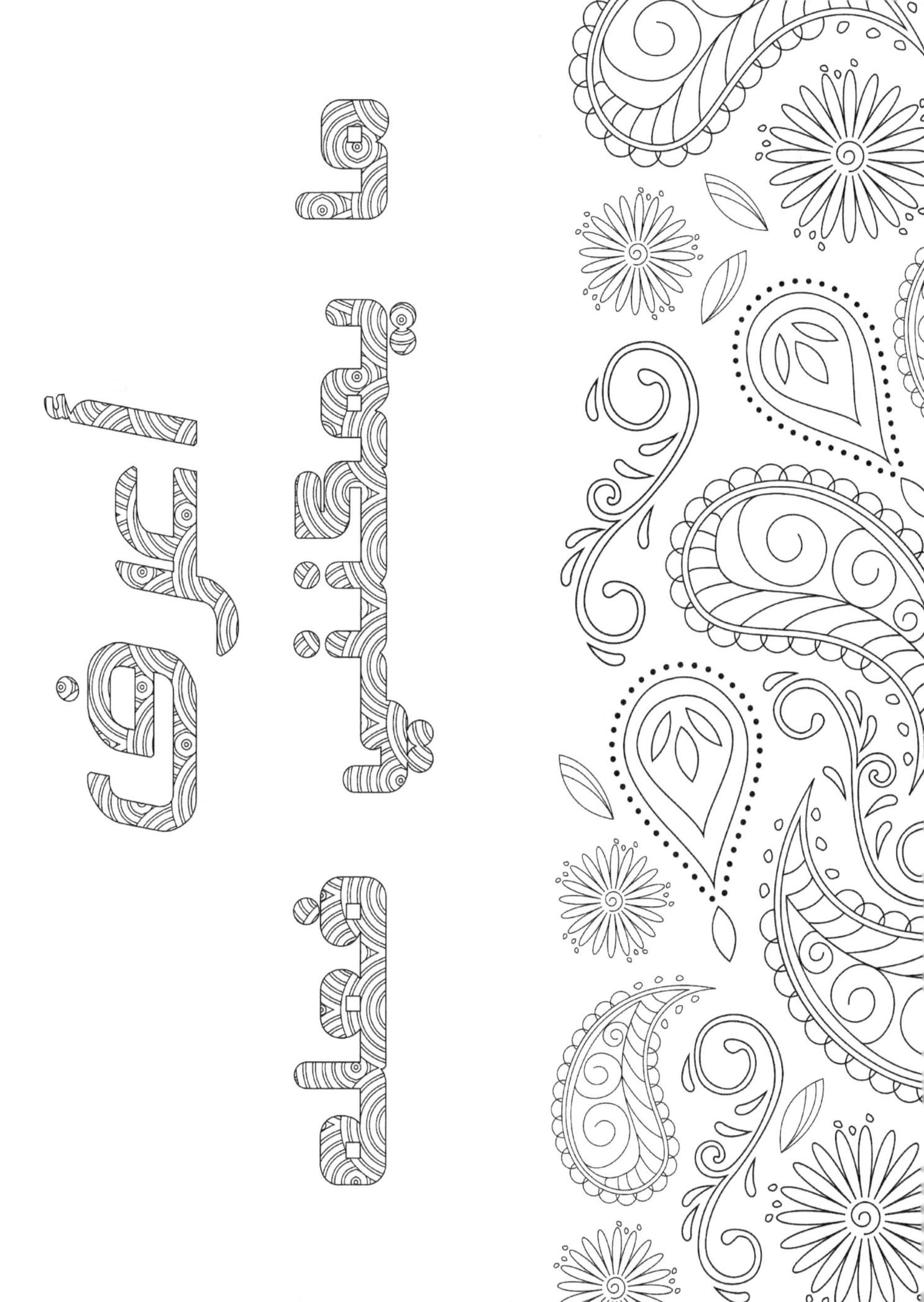

أنا أثق بذاتي

١-

٢-

٣-

٤-

٥-

* استخدم ألوان مختلفة

أنا أثق بذاتي

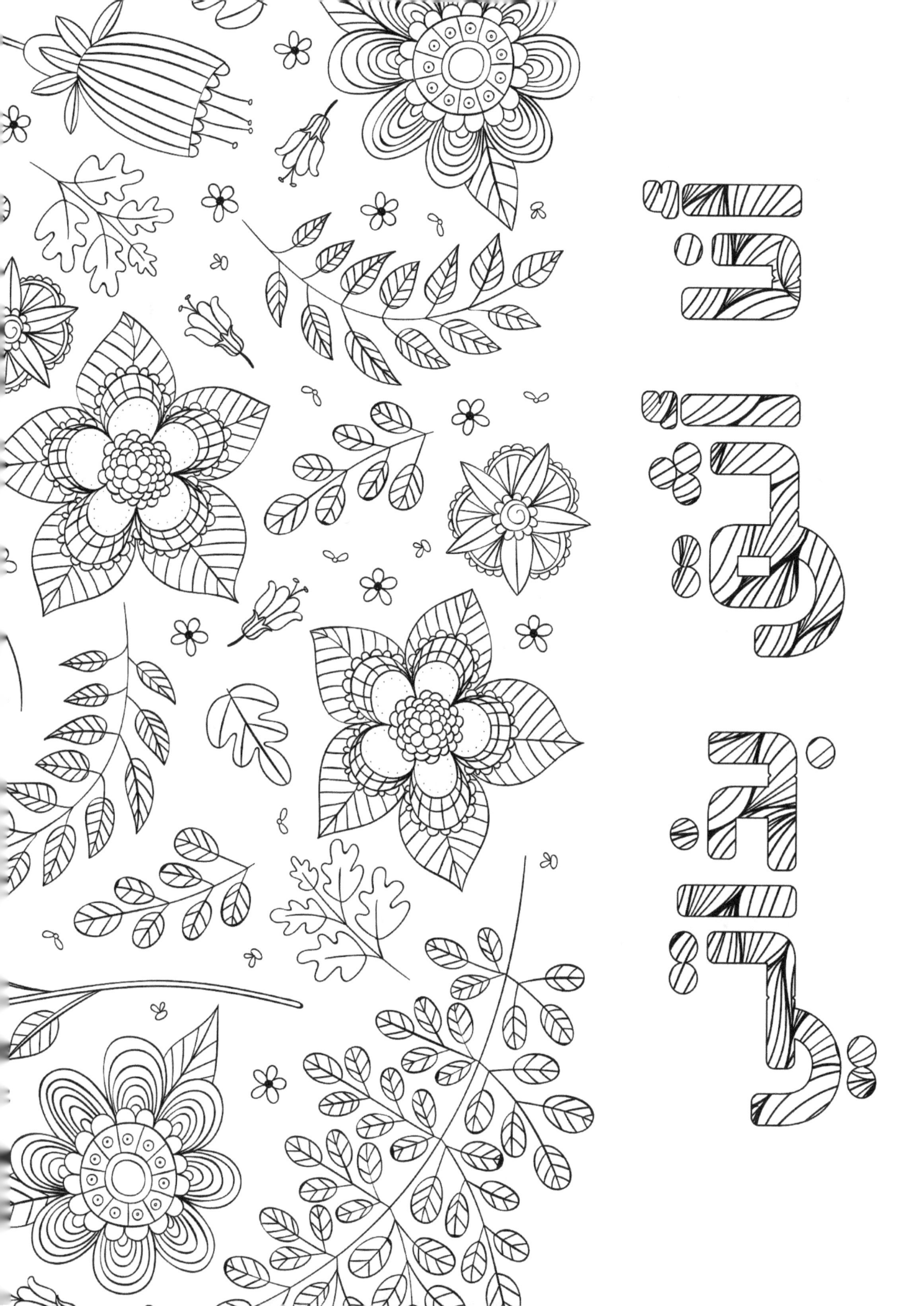

أنا شخص اجتماعي

1 -

2 -

3 -

4 -

5 -

* استخدم ألوان مختلفة

أنا
شخص
اجتماعي

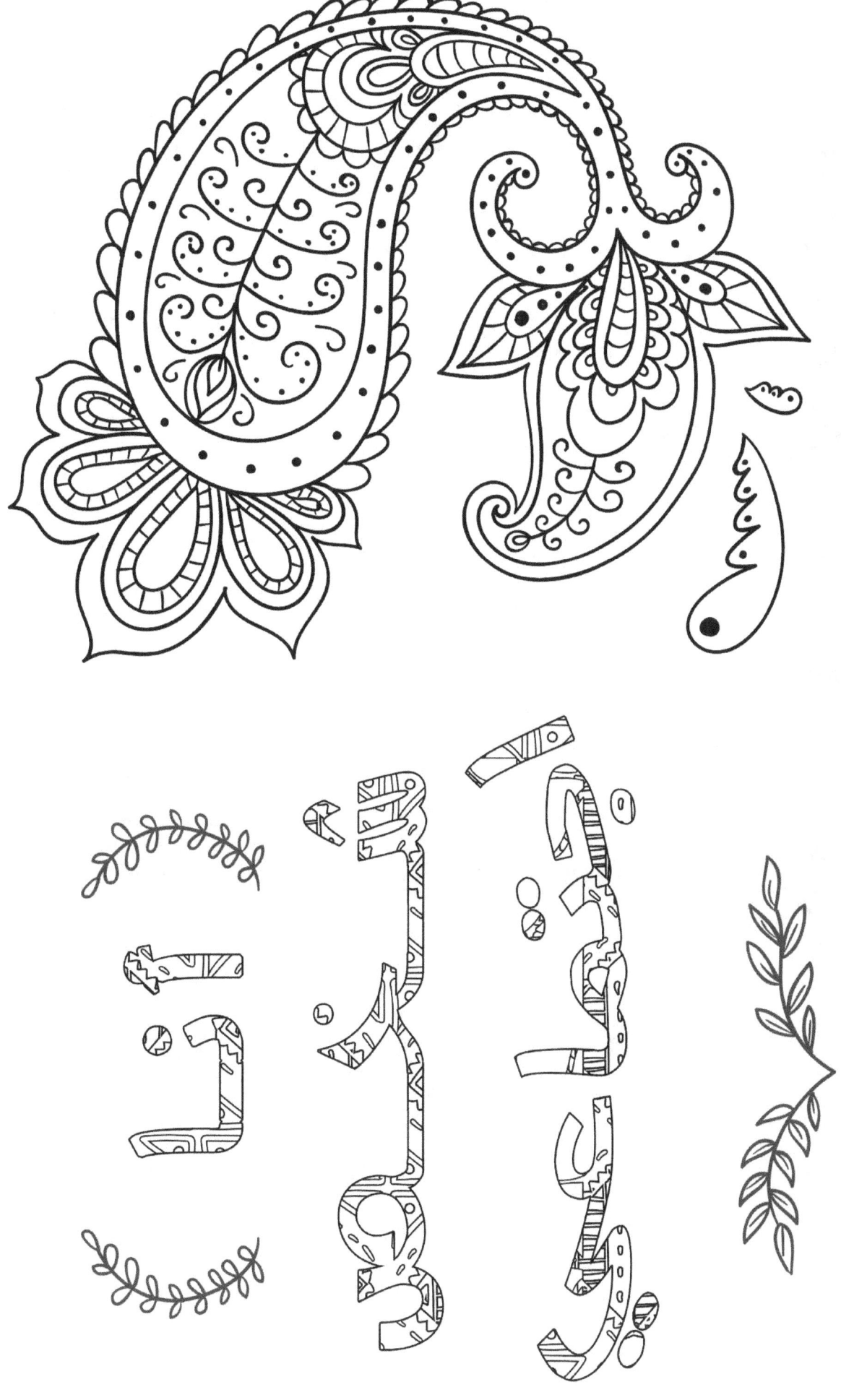

أشعر بالايجابية حيال نفسي

١-

٢-

٣-

٤-

٥-

* استخدم الوان مختلفة

أشعر بالايجابية

حيال

نفسي

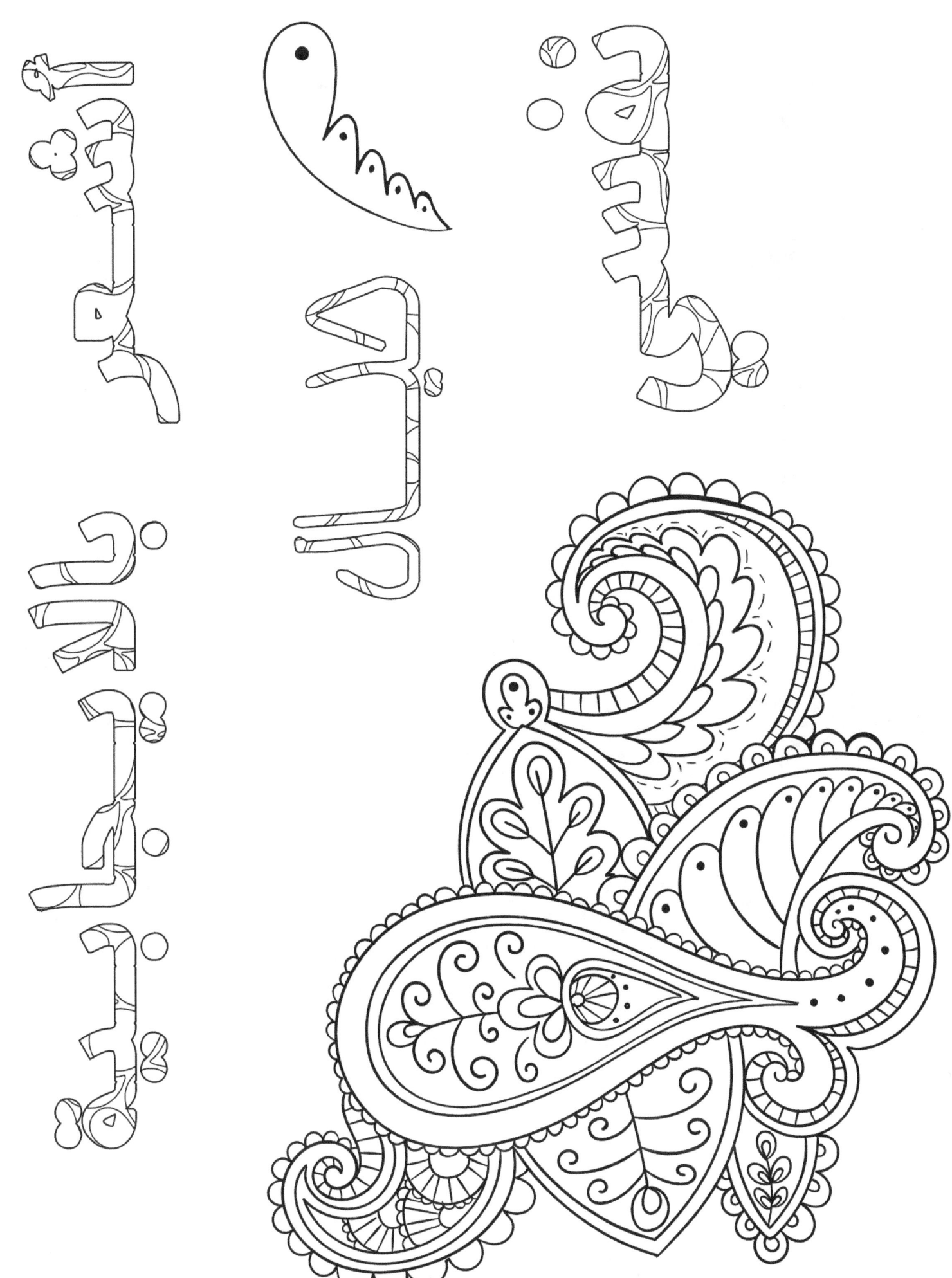

أنا فخور بنفسي

١-

٢-

٣-

٤-

٥-

* استخدم ألوان مختلفة

أنا
فخور
بنفسي

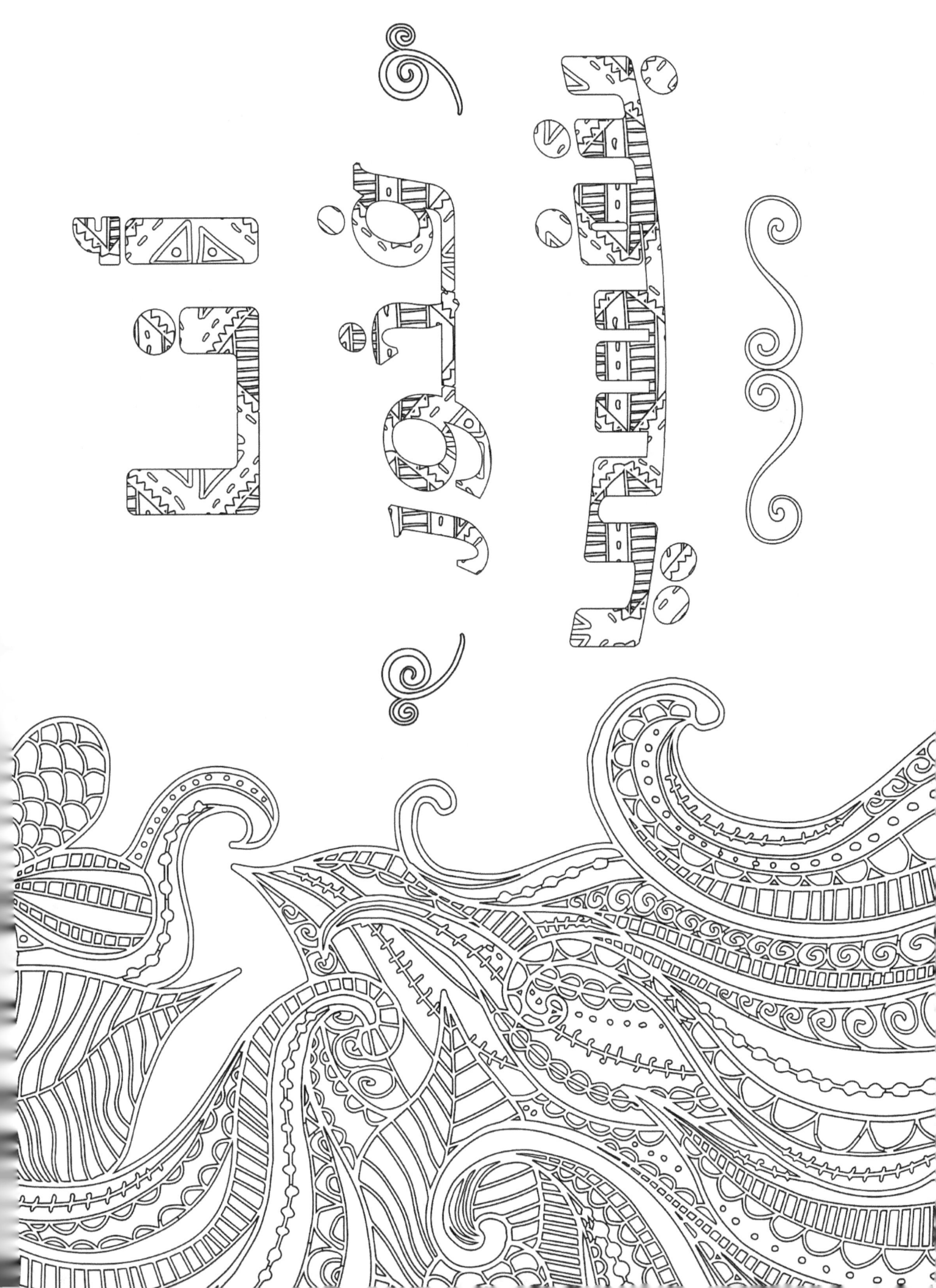

طاقتي ليس لها حدود

١-

٢-

٣-

٤-

٥-

* استخدم ألوان مختلفة

طاقتي ليس لها
حدود

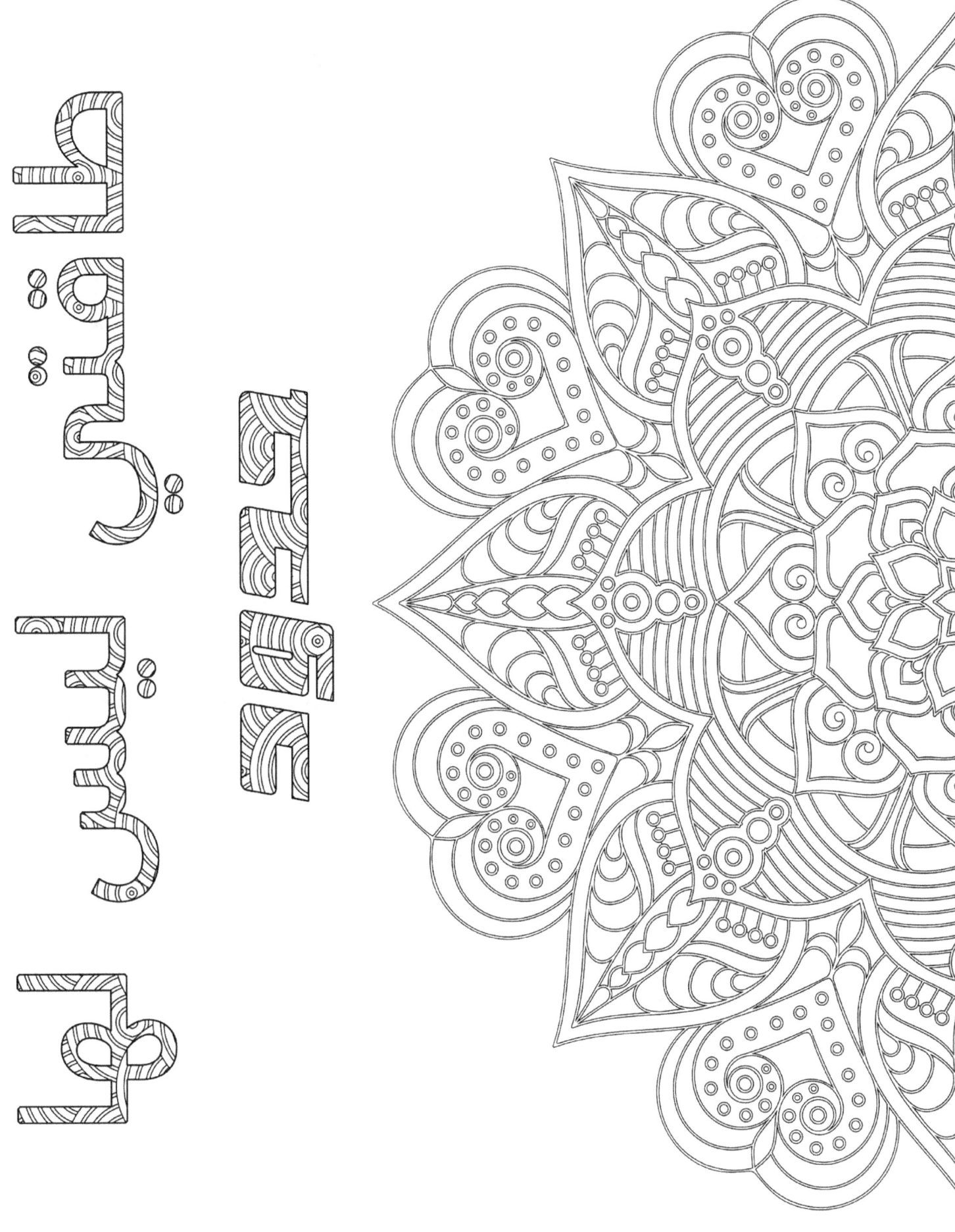

لدي الثقة منذ ولدت

١-

٢-

٣-

٤-

٥-

* استخدم الوان مختلفة

لديّ
الثقة
منذ
وُلدت

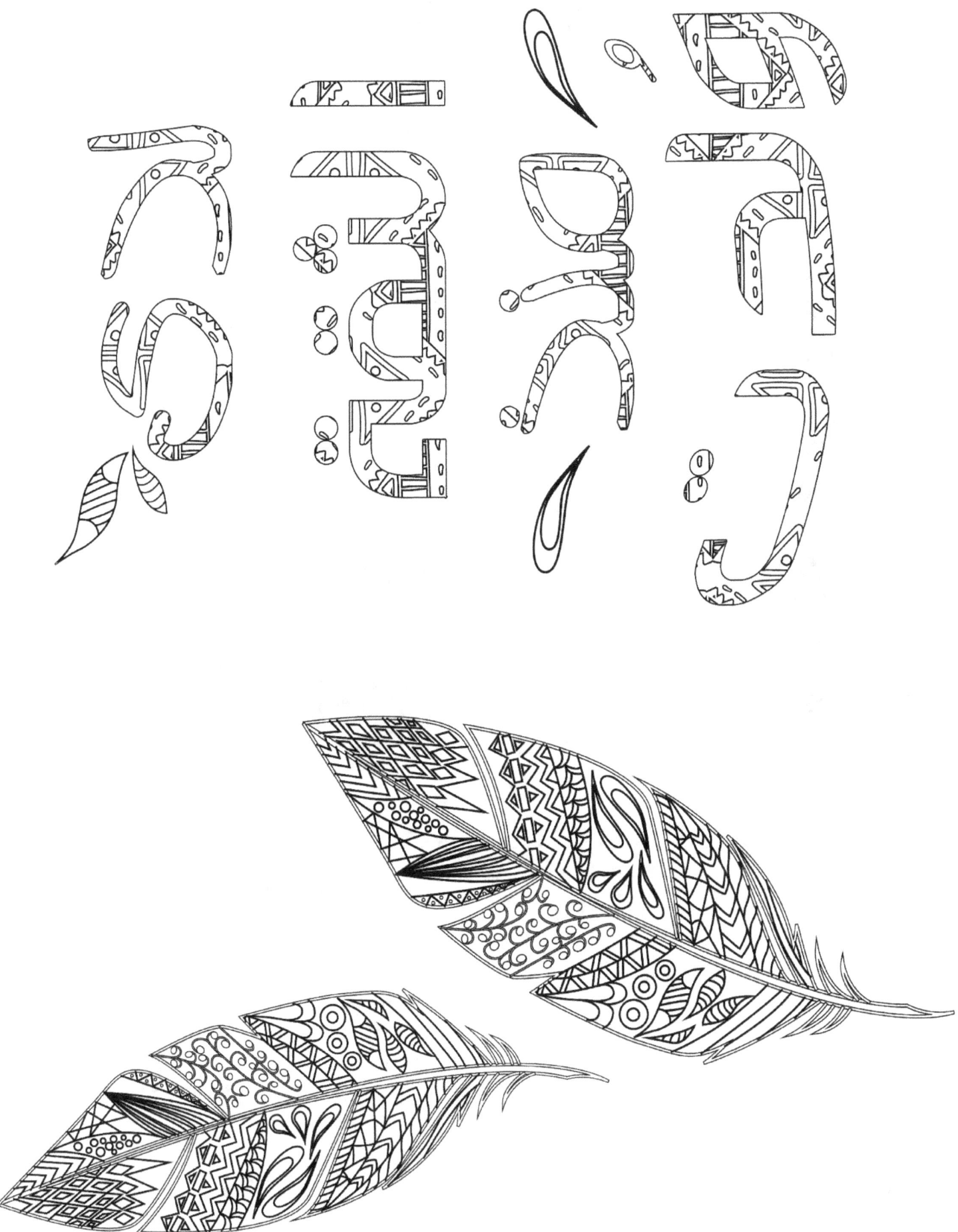

أستشعر القوة التي بداخلي

-١

-٢

-٣

-٤

-٥

*** استخدم ألوان مختلفة**

أستشعر
القوة
التي
بداخلي

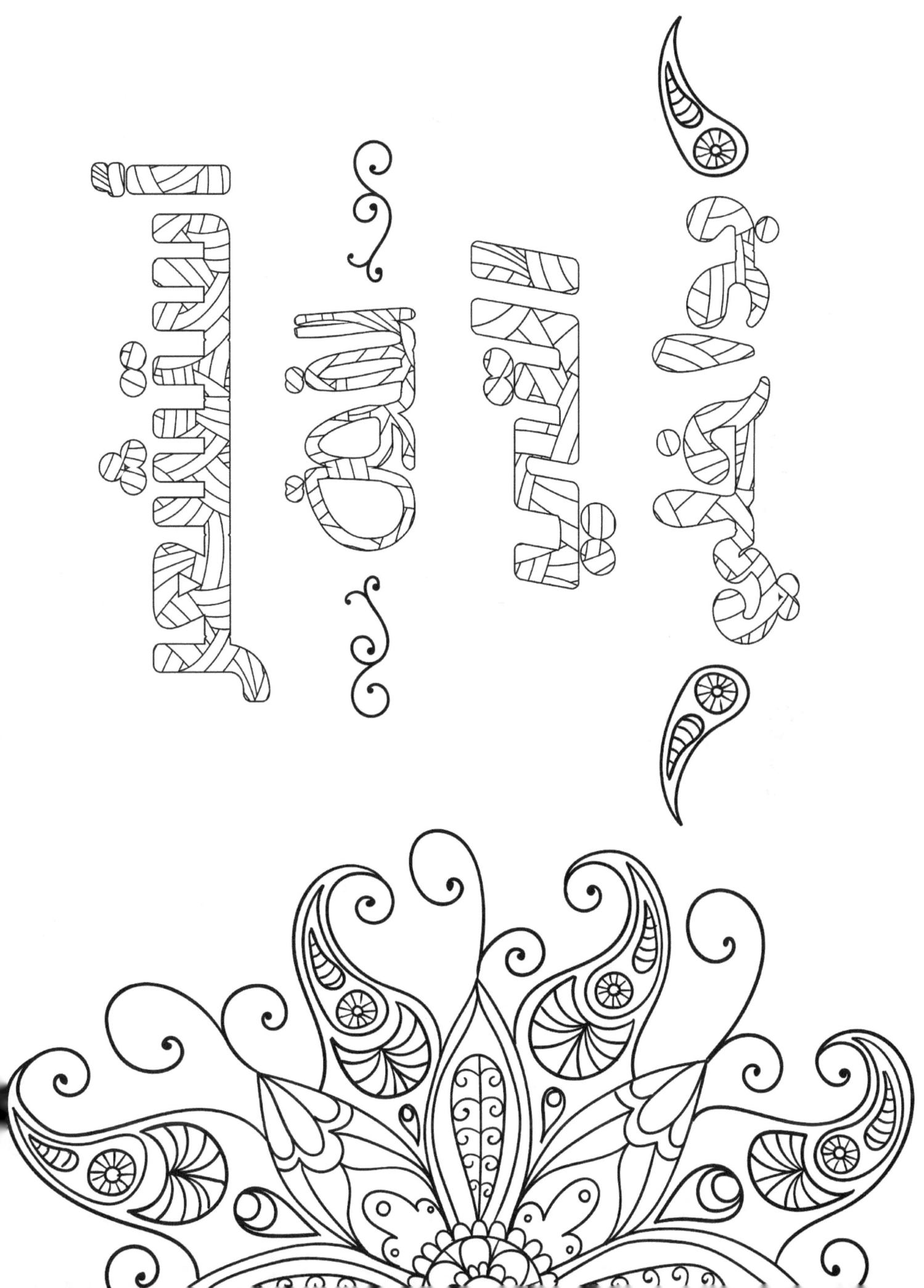

أشعر بشعور جيد حيال نفسي

١-

٢-

٣-

٤-

٥-

* استخدم ألوان مختلفة

أشعر بشعور جيد
حيال نفسي

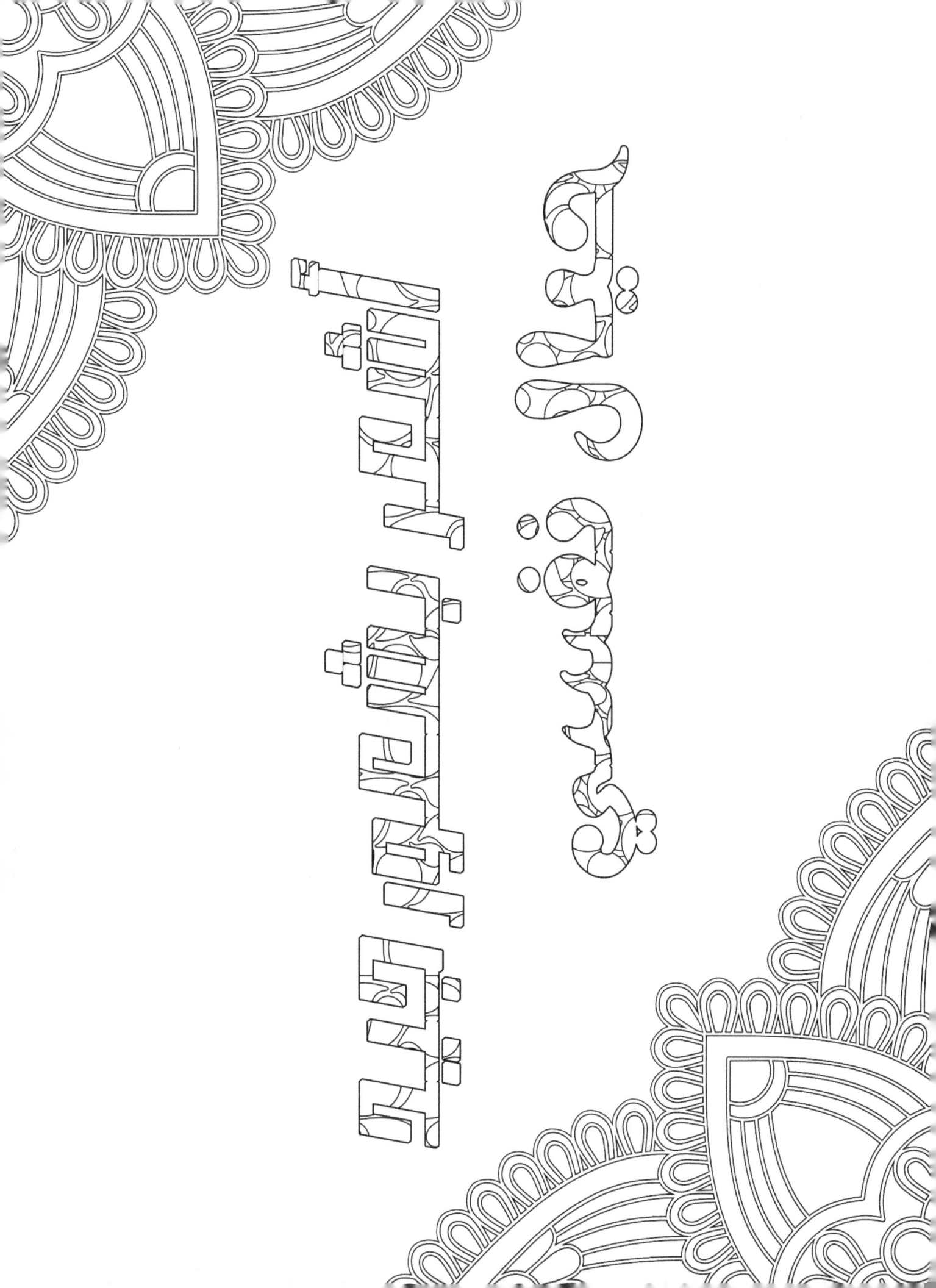

الثقة هي طريقي

١-

٢-

٣-

٤-

٥-

* استخدم ألوان مختلفة

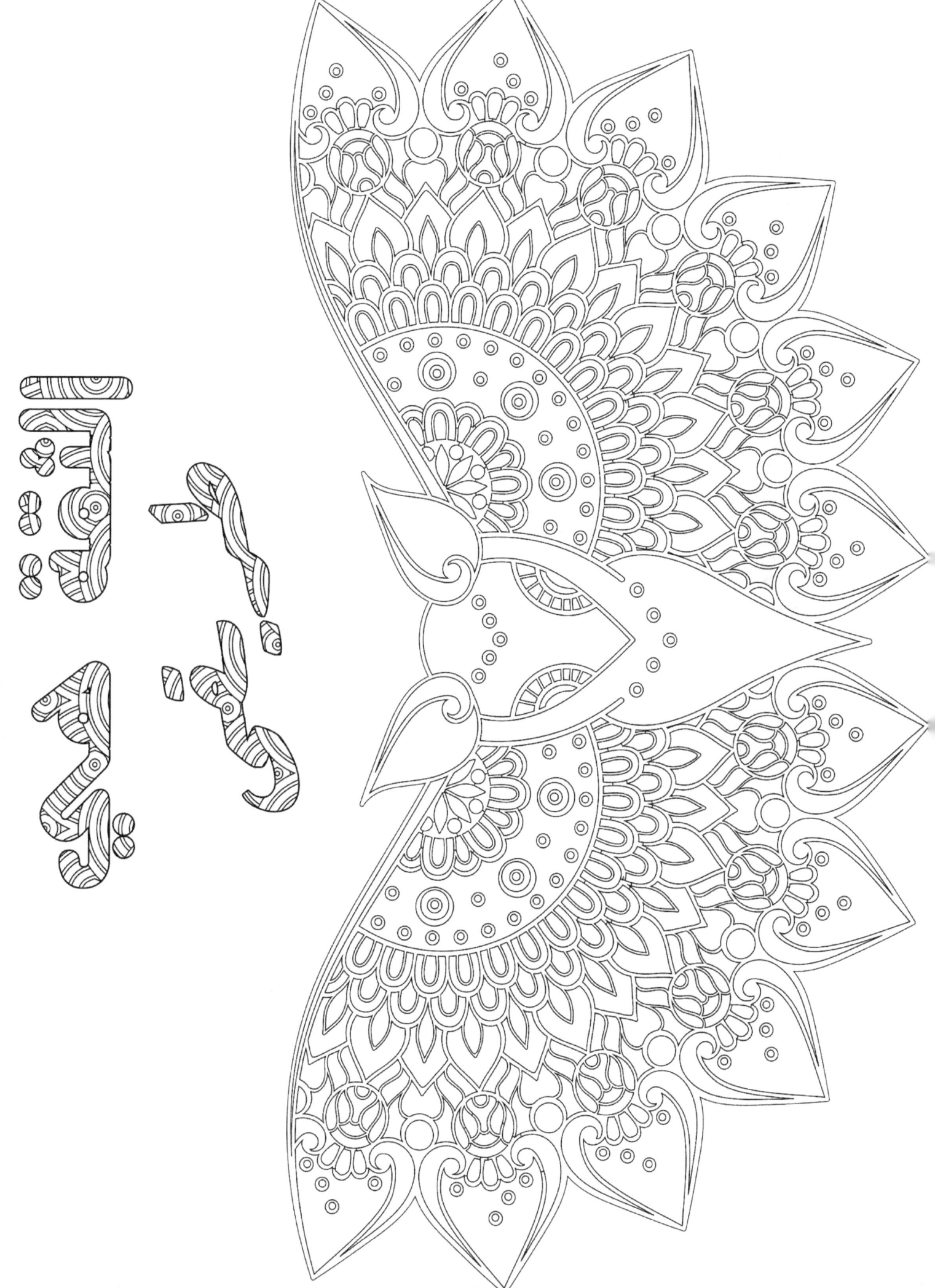

حياتي لن تتوقف أبدا

١-

٢-

٣-

٤-

٥-

* استخدم ألوان مختلفة

حياتي
لن
تتوقف
أبدا

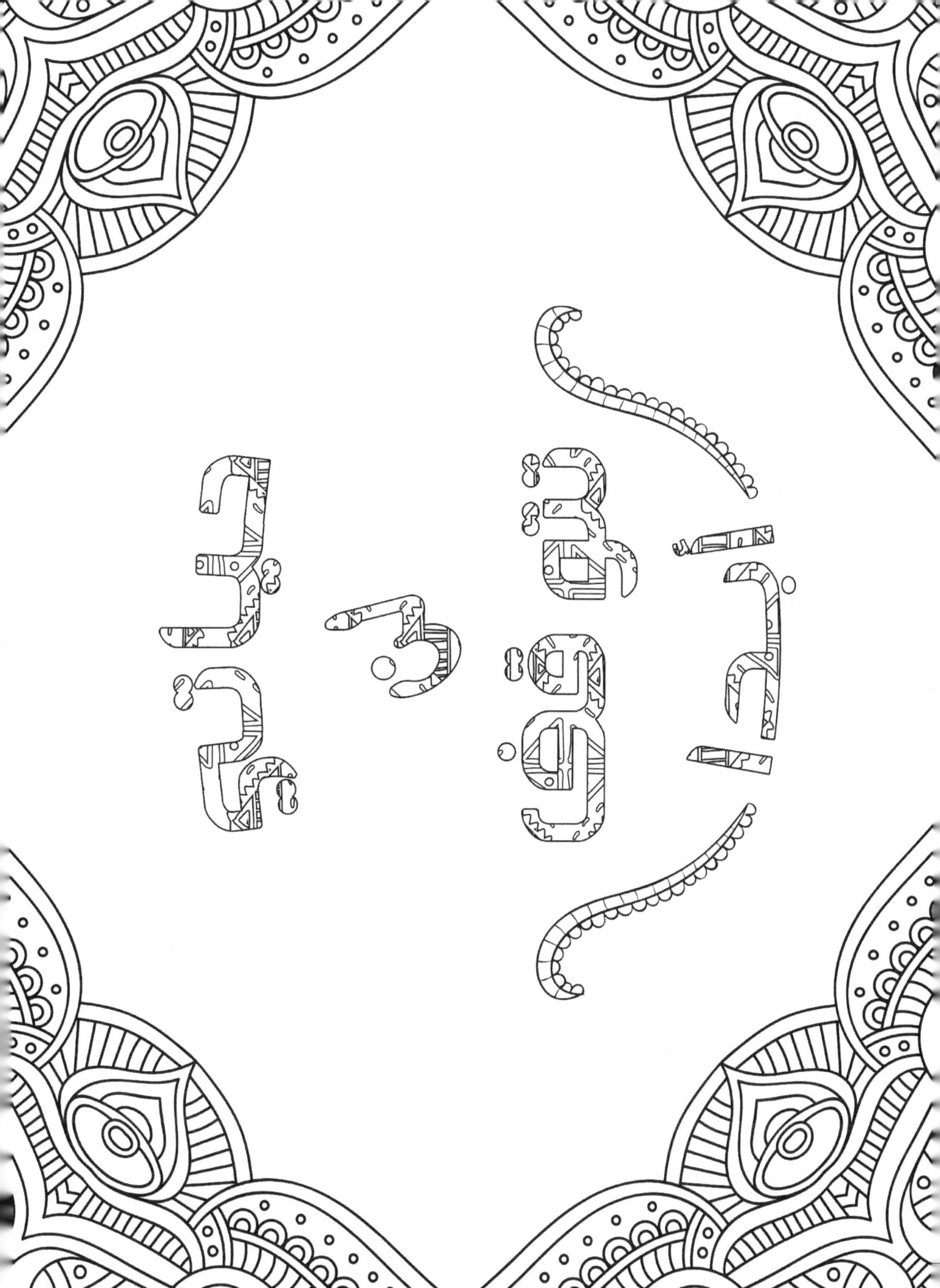

أشعر بالرضا حيال نفسي

١-

٢-

٣-

٤-

٥-

* استخدم ألوان مختلفة

أشعر بالرضا حيال نفسي

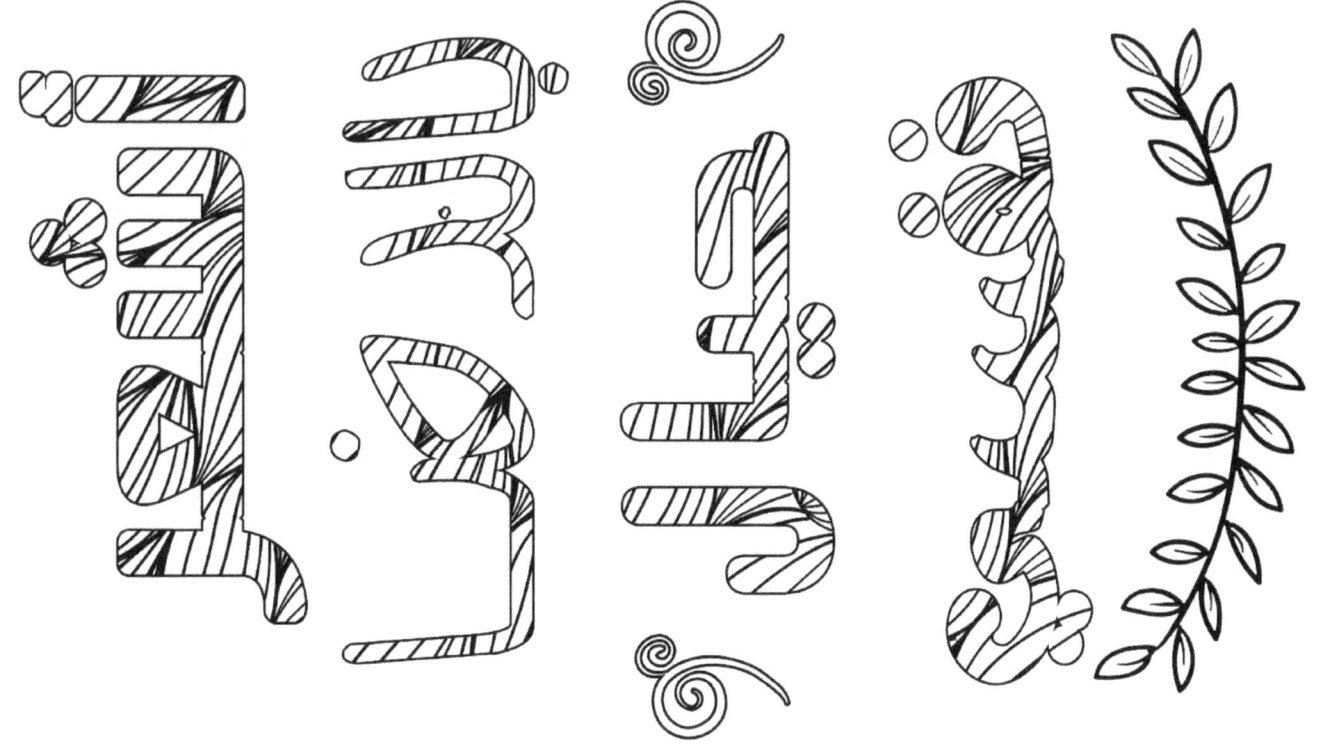

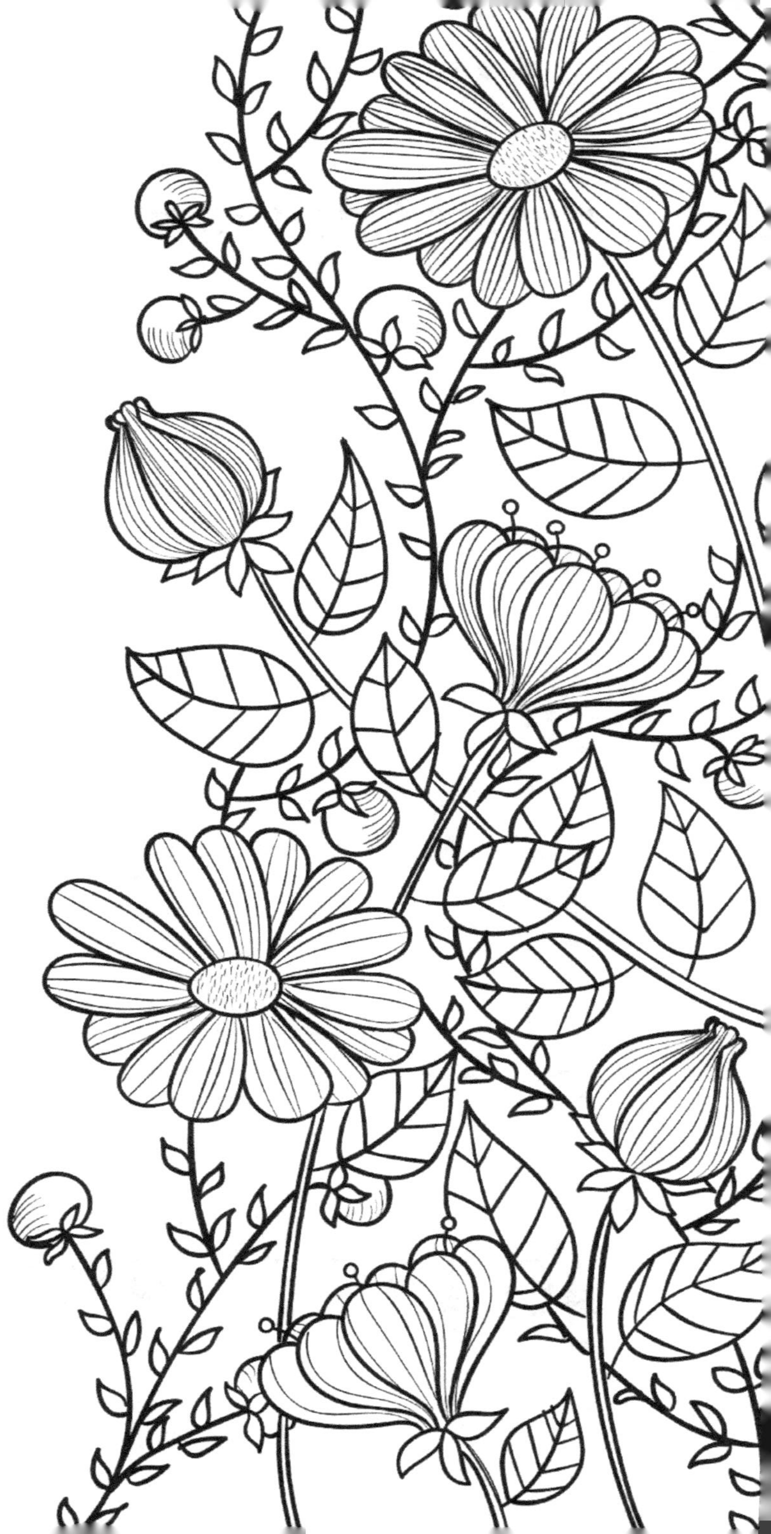

أنا أعيش حياة ناجحة

١-

٢-

٣-

٤-

٥-

* استخدم ألوان مختلفة

أنا أعيش
حياة...
ناجحة

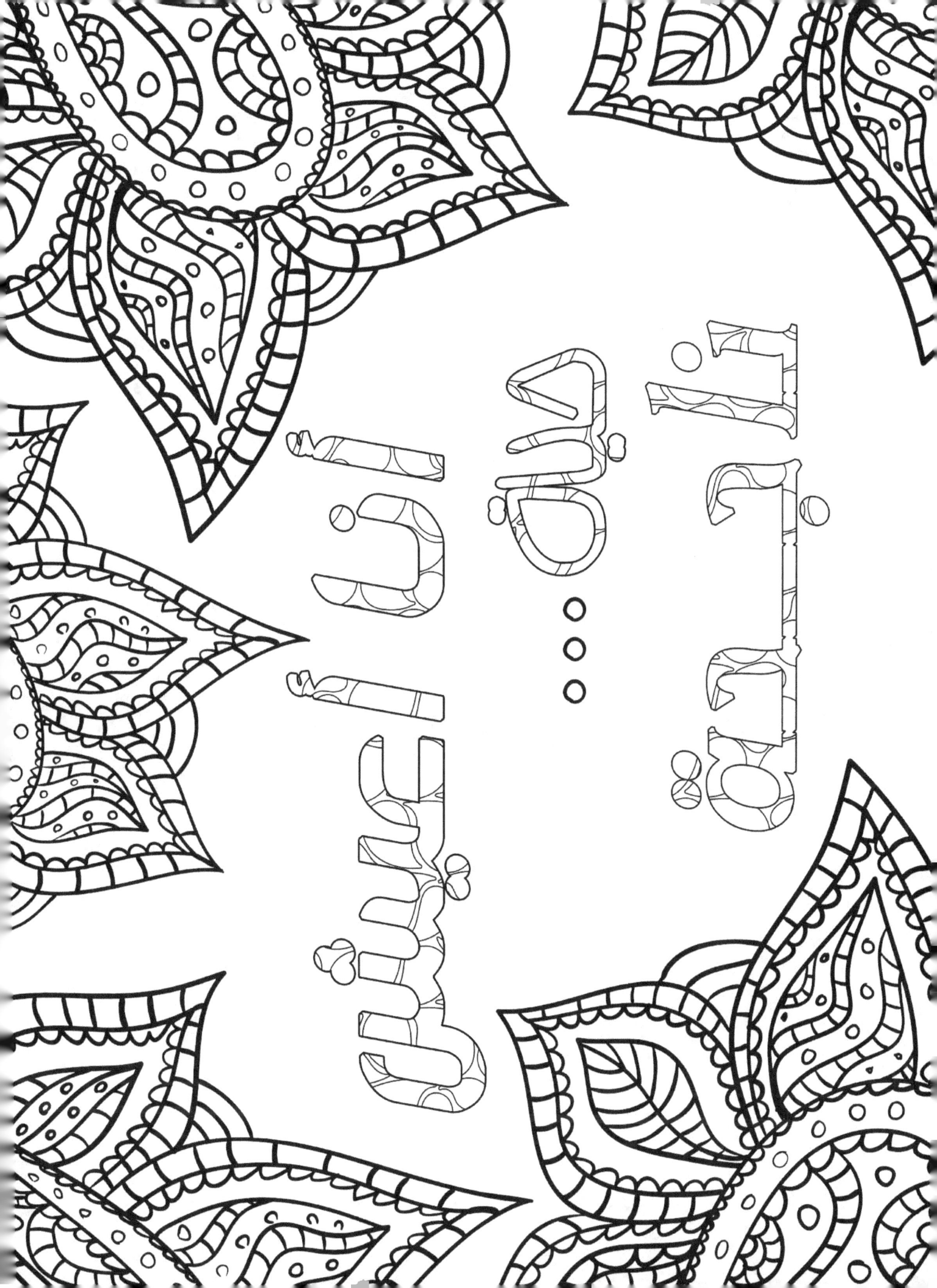

أنا قوي

١-

٢-

٣-

٤-

٥-

* استخدم ألوان مختلفة

أنا
قوي

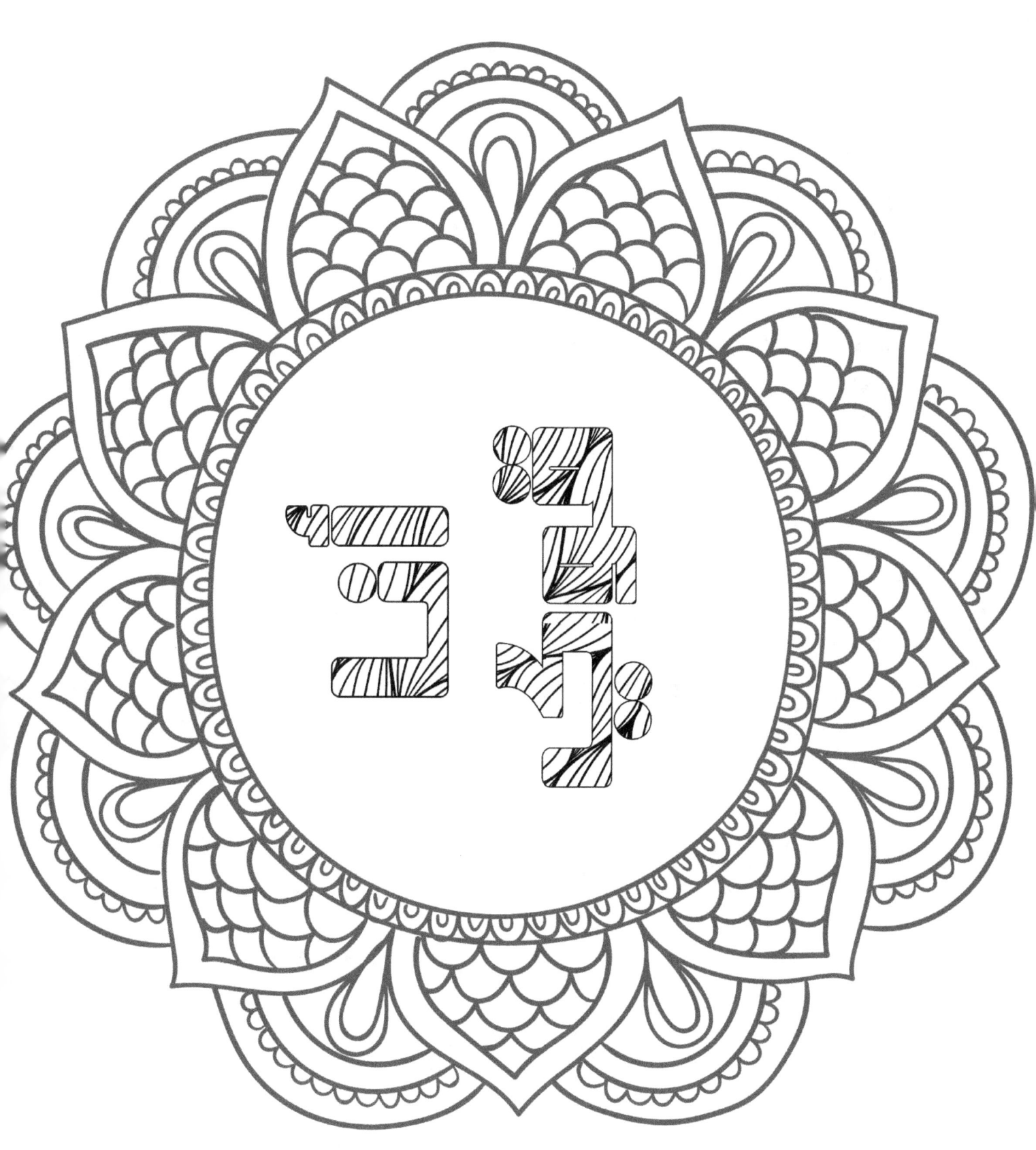

أشم رائحة الثقة

-١

-٢

-٣

-٤

-٥

* استخدم ألوان مختلفة

أشم
رائحة
الثقة

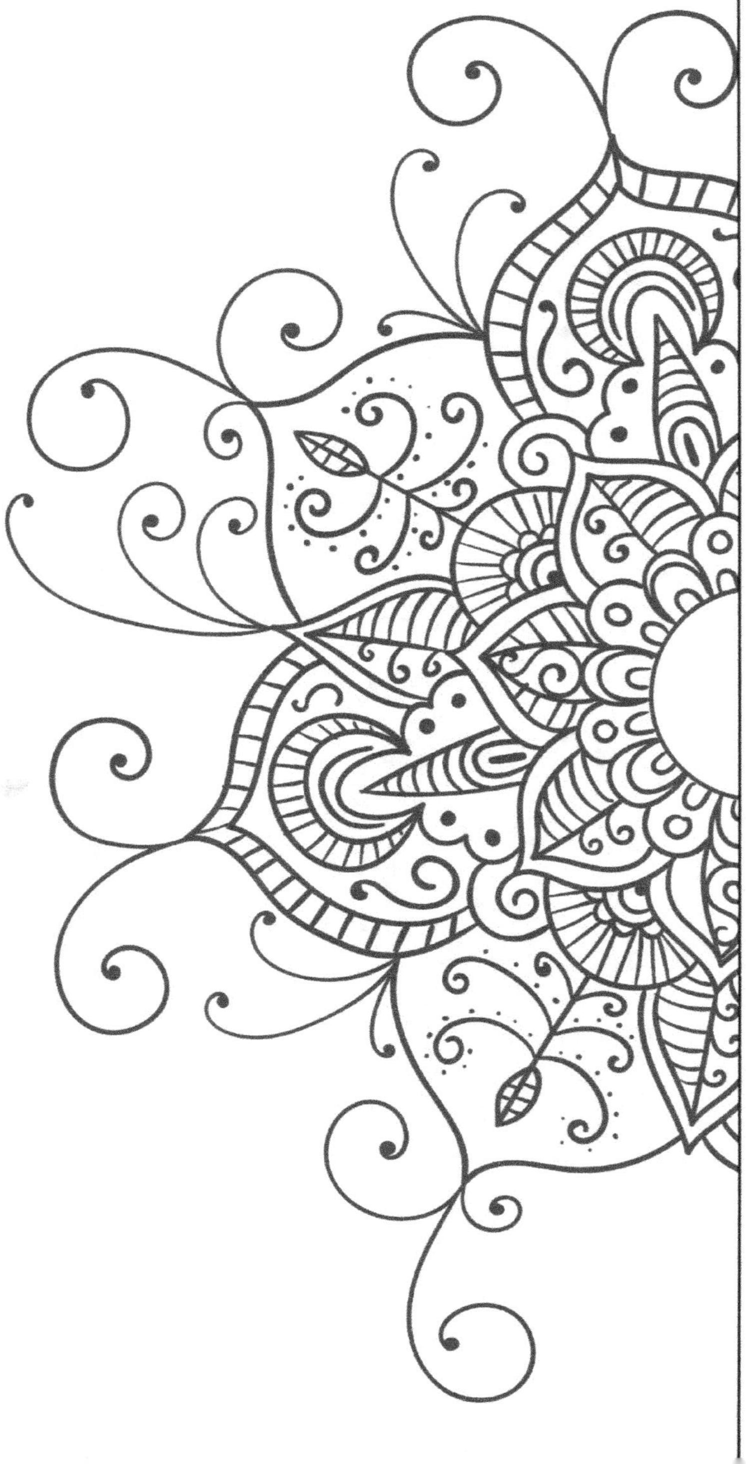

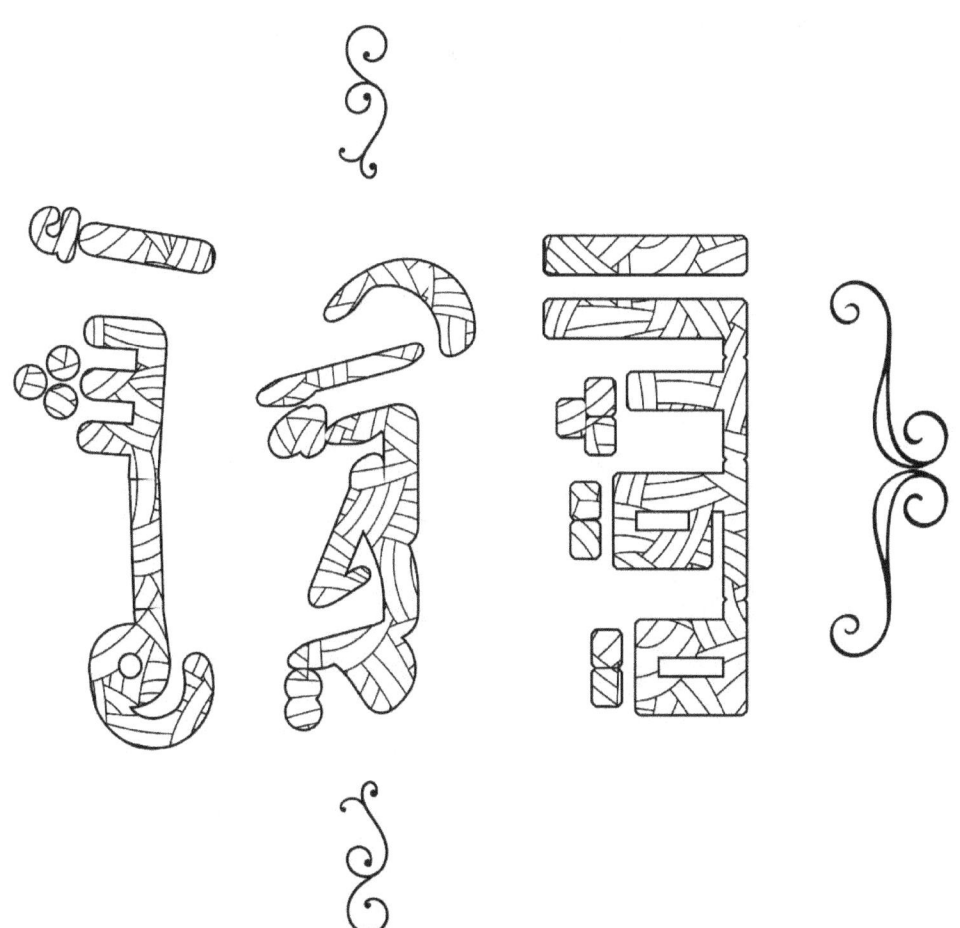

أعلم أني أستطيع فعلها

١-

٢-

٣-

٤-

٥-

* استخدم ألوان مختلفة

أعلم أني
أستطيع
فعلها

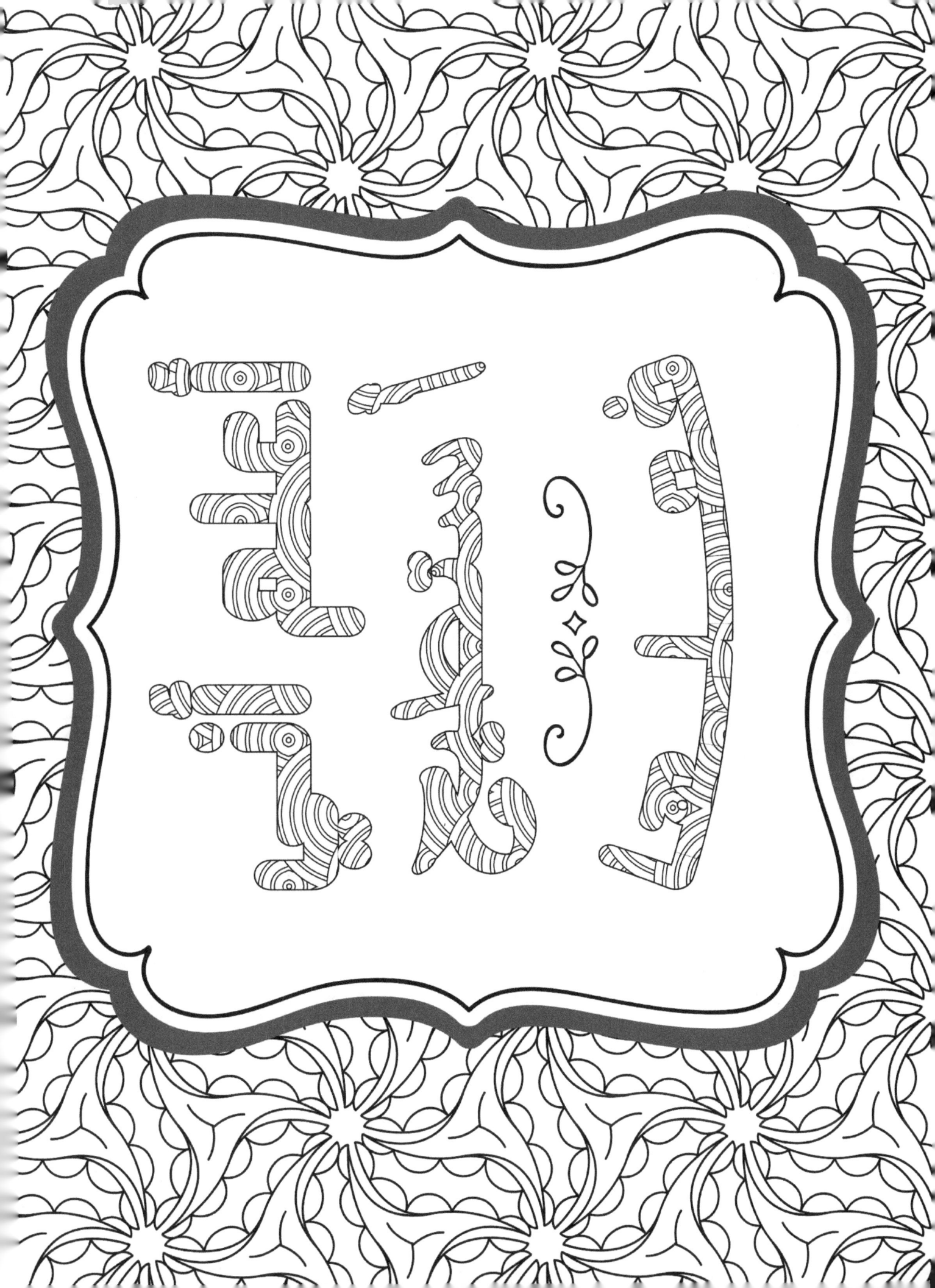

أستطيع فعلها

١-

٢-

٣-

٤-

٥-

* استخدم الوان مختلفة

أستطيع
فعلها

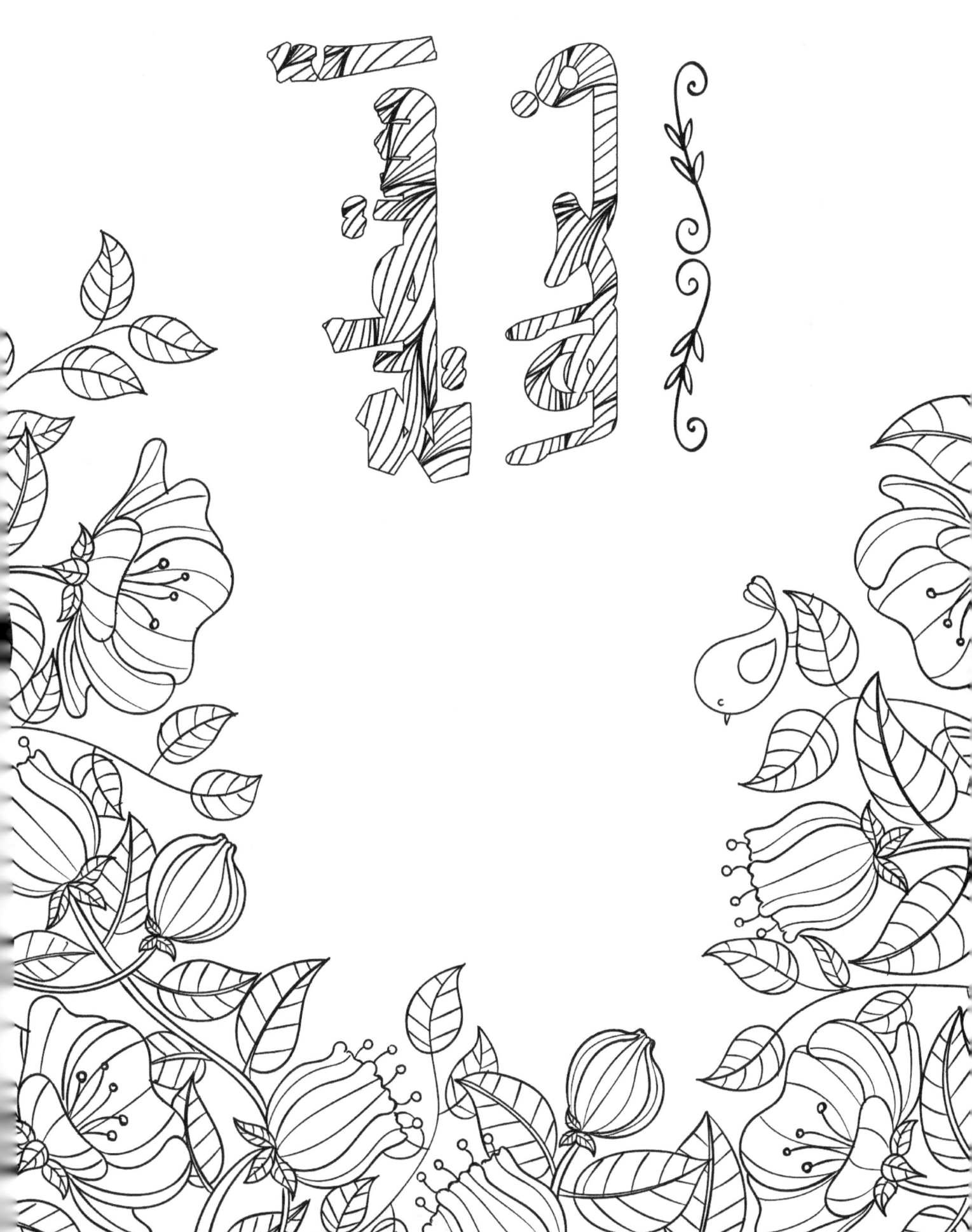

لدي الثقة بنفسي

١-

٢-

٣-

٤-

٥-

* استخدم ألوان مختلفة

لدي

الله

بنفسي..

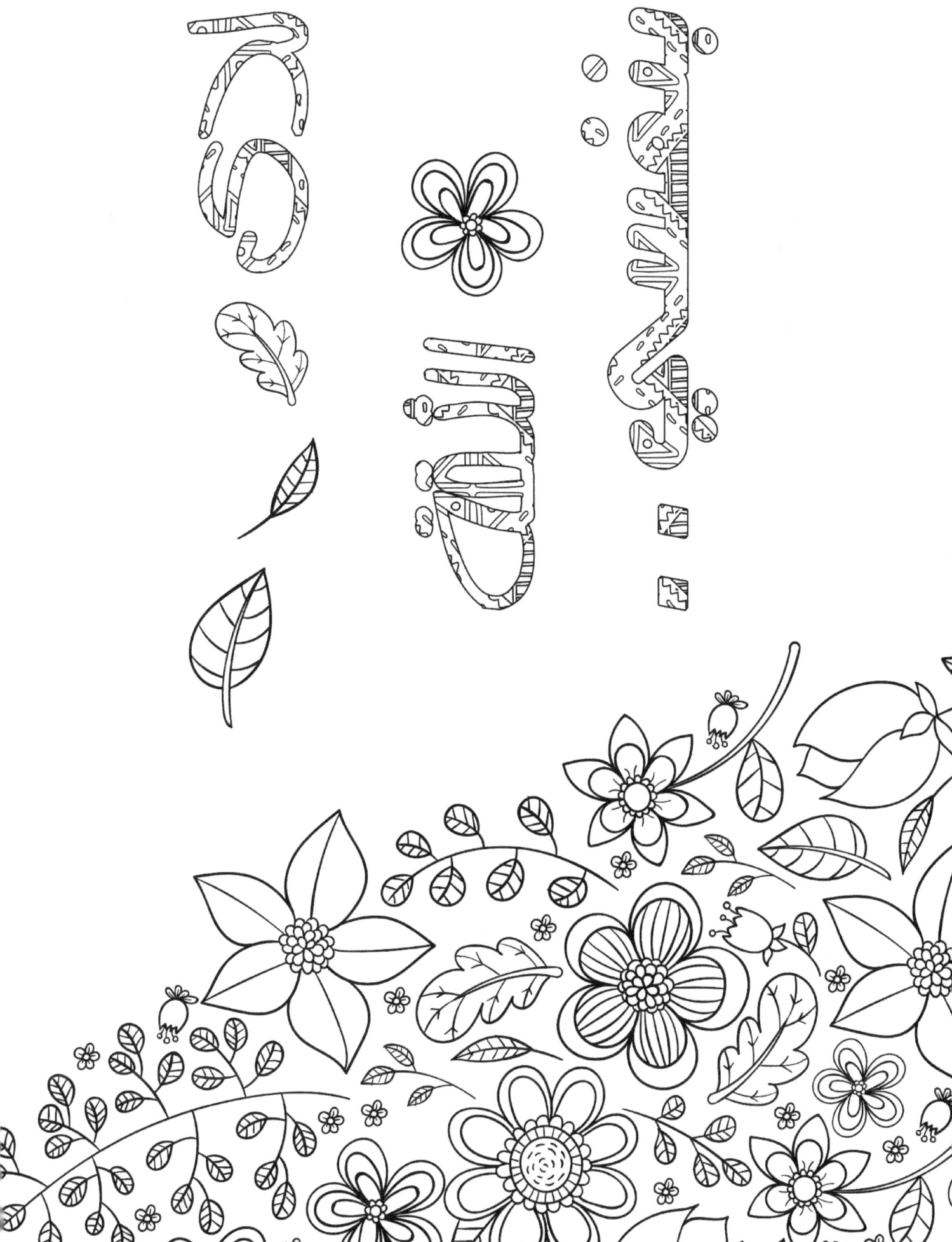

أشعر أني مميز

١-

٢-

٣-

٤-

٥-

* استخدم ألوان مختلفة

أشعر....
أني مميز

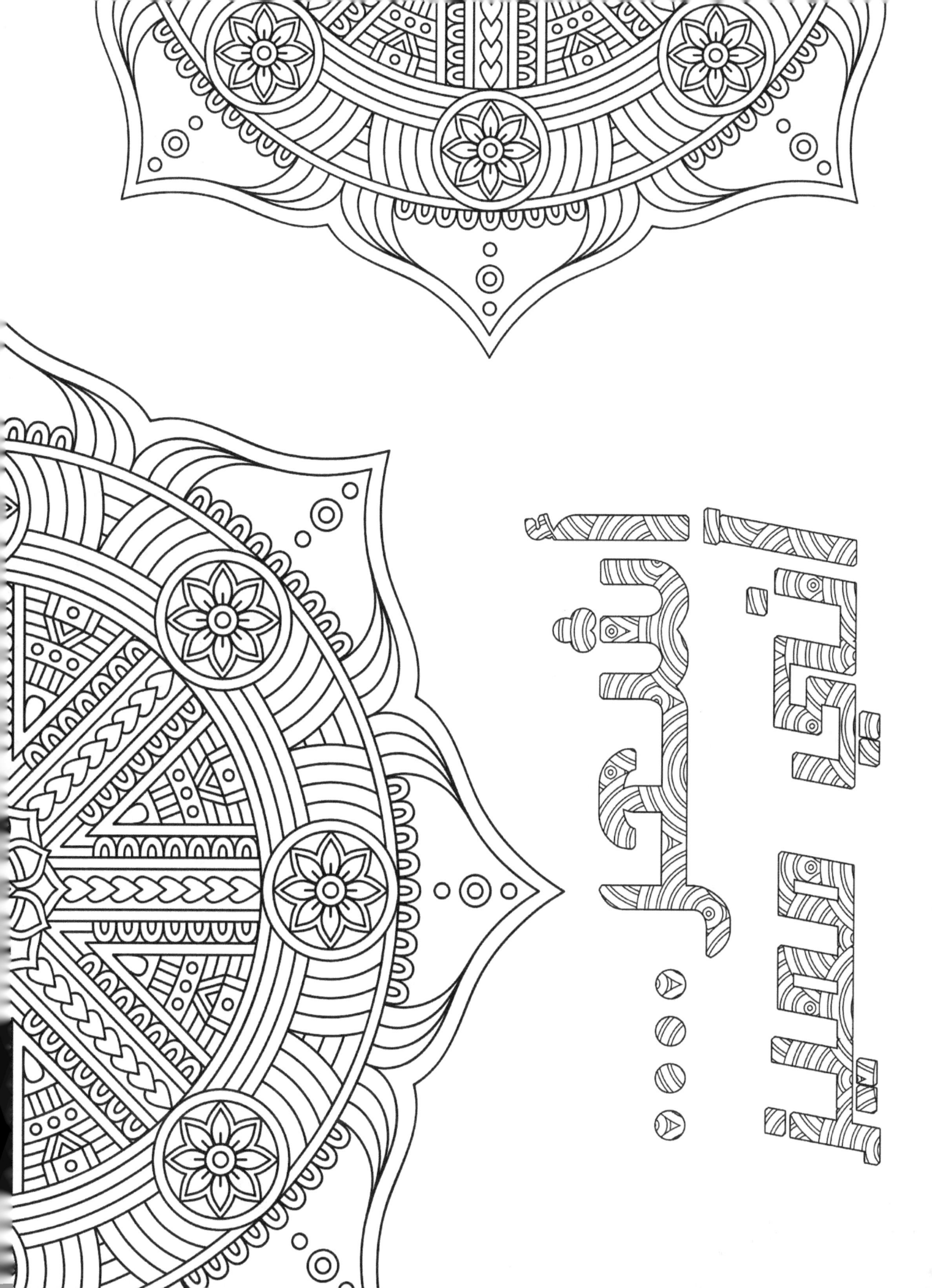

www.ingramcontent.com/pod-product-compliance
Lightning Source LLC
Chambersburg PA
CBHW081132180526
45170CB00008B/3078